DE LA PAIRIE.

DE

LA PAIRIE

ET

DE SES RAPPORTS

AVEC LA

CONSTITUTION DE L'ÉTAT.

PARIS,
CHEZ DELAUNAY, LIBRAIRE,
GALERIE DE PIERRE, N° 82, AU PALAIS-ROYAL.
WILBERT, LIBRAIRE,
COUR DU PALAIS-ROYAL, N°s 40 ET 41.
DANDELY, LIBRAIRE,
PASSAGE DES PANORAMAS, N° 43.

1831.

DE
LA PAIRIE
ET DE SES RAPPORTS
AVEC
LA CONSTITUTION DE L'ÉTAT.

Les écrivains du *Journal des Debats* se plaignent que la question de l'hérédité de la Pairie n'ait pas encore été traitée à fond : ils ajoutent que, suspendant leur jugement (1), ils demeurent dans le doute sur ce grand problême, jusqu'à ce qu'une solution satisfaitante ait été présentée.

Quoiqu'il reste peu de chose à faire à cet égard, après l'éloquente lettre de M. de Salvandy, nous essayerons de répondre au vœu du *Journal des Débats*, et de compléter sa conviction, malgré le désavantage qu'il y a à traiter une question immense dans un cadre étroit, et à prouver, par des raisonnemens laborieux, ce que l'expérience a proclamé, savoir : qu'une monarchie qui n'a

(1) Il faut en excepter M. de Salvandy, qui a pris l'initiative avec un rare talent. Voyez le *Journal des Débats* du 6 juin, et celui du 18 juillet 1831.

pas d'aristocratie tombe aussitôt dans d'affreuses convulsions, tandis que le despotisme et la république repoussent cet élément politique, et ne peuvent sympathiser avec lui.

En jetant un coup-d'œil sur la manière dont la société est divisée en France, on reconnaît qu'il existe :

1° Un certain nombre de très-grands propriétaires revêtus de brillantes illustrations, représentés par la *Chambre des Pairs*, ou la composant par leur réunion;

2° De grands propriétaires et de moyens propriétaires représentés par la *Chambre des Députés*;

3° Des prolétaires représentés par le *Roi*.

Indépendamment de la défense des intérêts des prolétaires, attribution importante et trop méconnue, d'où la Royauté tire toute sa force (1), elle est encore dépositaire du pouvoir exécutif, c'est-à-dire qu'elle a le droit et le devoir (ici ces deux termes sont synonimes), de faire exécuter les lois, et de maintenir l'ordre et la subordination entre les diverses parties de l'état. Ce droit suppose celui d'empêcher les intérêts d'une classe d'être opprimés par ceux d'une autre, ou d'être

(1) Voyez : *Considérations sur la politique et les circonstances actuelles*, in-8°, deuxième édition. Paris, 1822, chez Delaunay et Wilbert.

soumis à son jugement, et celui d'empêcher le mode de représentation de chaque classe d'être modifié contre le vœu de cette dernière ou de ses représentans (1).

En effet, chaque fois qu'une classe est traduite devant un autre, elle éprouve un préjudice notable, une atteinte grave dans sa manière d'être, dans son existence politique, dans sa liberté. Ce seul fait démontrerait au besoin, si l'on en pouvait douter, que chaque classe a des intérêts qui réclament une défense particulière. Voulons-nous mieux nous en convaincre, descendons dans les détails.

Demandez aux moyens propriétaires s'il est

---

(1) « On trompe les princes quand on leur dit qu'ils » doivent se borner à obéir à la majorité; ils doivent » encore protéger la minorité, et empêcher qu'elle ne soit » opprimée : telle est la différence de la république à la » monarchie. Dans la république, l'empire de la majorité » est absolu; dans la monarchie, il n'est que relatif. Il » est aussi dangereux pour un prince de céder aveuglément » à l'impulsion de la majorité que de lui résister sans dis- » cernement (*a*). » Voilà en quoi consiste le juste-milieu, et non pas dans l'alliance de formes contradictoires qui s'excluent : voilà pourquoi on appelle la monarchie un gouvernement tempéré.

(a) *Du Sort des minorités dans les Gouvernemens représentatifs et dans les assemblées délibérantes*, brochure in-8o, Paris, 1830, chez Wilbert.

convenable qu'il y ait de très-grands propriétaires? ils répondront négativement, et soutiendront que toutes les lois qui favorisent la division des propriétés sont avantageuses.

Demandez aux grands propriétaires s'il convient qu'il y ait de très-grands propriétaires ? les uns, mais en majorité, répondront oui ; les autres, non, parce qu'eux-mêmes tiennent à peu près le milieu entre les très-grands et les moyens propriétaires.

A leur tour, demandez aux prolétaires s'il convient qu'il y ait des propriétaires ? ils vous répondront, en invoquant l'égalité, que tous les hommes ont un égal droit aux biens de la terre, ce qui conduirait à la loi agraire; ou bien, alléguant la capacité pour prétexe, ils soutiendront que chaqun doit avoir part aux avantages sociaux à raison de sa capacité ou de son mérite individuel.

Enfin, forcez les prolétaires à respecter la propriété et l'hérédité, ils se prononceront en faveur des très-grands propriétaires au préjudice des moyens propriétaires, parce que les premiers, plus opulens, et par cette raison plus généreux, sont naturellement portés à accorder des salaires plus élevés, et ont un superflu abondant à dépenser, soit en largesses, soit en aumônes.

Chaque classe ayant des intérêts distincts, réclame donc un mode particulier de représentation analogue à ses inclinations, à ses goûts, à ses idées, à la nature des biens, à sa manière d'acquérir et de posséder. Si, par rapport à cet objet essentiel, on la laissait à la merci des autres classes, elle serait bientôt opprimée, comme aussi elle serait bientôt oppressive si on n'accordait pas à celles-ci la faculté de repousser librement ses exigences. En politique comme en matière judiciaire, la liberté de la défense et le maintien des avantages acquis, sont la première des libertés.

Ainsi, si l'on consulte les prolétaires sur la forme de gouvernement qu'ils désirent voir établir, ou, ce qui revient au même, sur le système suivant lequel ils souhaitent que leurs intérêts soient défendus, ils demanderont ou la démocratie absolue ou la royauté : de ces deux vœux, le dernier est le seul qui puisse être exaucé sans plonger l'État dans l'anarchie.

Les grands et moyens propriétaires demanderont des représentans tirés de leur propre classe, et élus pour une espace de temps d'autant plus long que les grands propriétaires jouiront de plus d'influence.

Les très-grands propriétaires, toujours en petit nombre, tendront à former corps pour leur propre compte, ou, à défaut, à se réunir sur la désignation du Roi qui accordera seulement à une portion d'entr'eux, la faculté de défendre les intérêts de leur classe. Les intérêts d'une classe de citoyens sont toujours bien défendus par un certain nombre d'individus tirés de son sein, et jouissant d'une situation indépendante. Or, l'hérédité confère aux Pairs cette précieuse indépendance qui repose dans la certitude de n'être jamais punis par la perte de leur rang, pour avoir agi selon leur conscience et leurs lumières, et fait ce qu'ils ont cru juste (1). En ce qui a trait à la défense de leurs intérêts, la désignation du Roi ne porte donc aucun préjudice à ceux d'entre les très-grands propriétaires qui ne sont pas appelés à la Pairie, et qui, dans l'ordre naturel des choses, doivent être considérés comme les moins marquans et les moins illustres.

Admettant la Pairie organisée selon ces principes qui ont procédé, sauf quelques exceptions de faveur, à la formation de la Chambre des Pairs, on voit qu'on est Pair parce qu'on possède de très-grands biens qui par eux-mêmes procurent une influence étendue. Or, comme les biens se transmettent par succession, le fils d'un Pair succède naturellement à son père dans ses fonctions comme dans ses biens. Ce nouveau dignitaire arrive à la Pairie, non parce qu'il est le fils de son père, mais parce qu'il hérite de la situation sociale de son prédécesseur. En effet, les propriétés des Pairs sont inaliénables. A Rome,

---

(1) Quelques personnes font consister l'indépendance politique dans la perspective de n'obtenir jamais d'avancement; à ce compte, il n'y aurait dans l'état qu'une seule position indépendante, celle du Roi.

tout membre du sénat qui avait perdu sa fortune était exclus de cette assemblée par les censeurs; en France même, la noblesse était inhérente aux biens et se transmettait avec eux : il en est presque de même de la royauté. Hugues Capet, quand il s'empara du trône, était le plus grand propriétaire du royaume; la dynastie à laquelle il succéda avait dissipé son domaine par ses libéralités et ses dépenses, à une époque où les contributions publiques étant à peu près inconnues, le chef de l'état devait pourvoir, à ses frais, à tout ce qui concernait les intérêts généraux. Henri IV, qui s'honorait d'être le premier gentilhomme du royaume, réunit la Navarre et le Béarn à la couronne. Ces simples rapprochemens suffisent pour faire appercevoir la parenté qui unit la Royauté à la Pairie, l'importance du domaine affecté à l'une et à l'autre, et l'étroite sympathie qui soumet simultanément ces deux institutions aux mêmes accidens, aux mêmes chances d'accroissement et de dépérissement, en sorte que dès que l'une s'affaiblit, l'autre tombe en décadence en dépit de tout ce que l'on peut faire pour la soutenir.

Il y a oppression, défaut de liberté, chaque fois qu'une classe de citoyens est privée du mode de représentation établi, du mode qu'elle affectionne, que sa conditton réclame et dont elle est en possession. Cette représentation a-t-elle besoin d'être modifiée? cette réforme ne saurait être opérée contre le vœu des individus dont elle doit affecter la situation.

Ainsi, il y aurait défaut de liberté pour les prolétaires si l'on supprimait la Royauté;

Défaut de liberté pour les grands et les moyens propriétaires si on ne leur permettait pas d'élire, pour un certain temps, des députés tirés de leur propre classe;

Enfin, défaut de liberté pour les très-grands propriétaires, qui composent la Pairie, si on les contraignait à rendre la Pairie élective. Cet acte arbitraire serait analogue à celui qui aurait lieu si on obligeait les grands et les moyens propriétaires à avoir des représentans héréditaires au lieu de mandataires élus.

Si la justice veut que le citoyen le plus obscur ne soit jugé qu'avec le concours et l'assistance de ses pairs, principe auquel nous devons l'institution du jury et celle des tribunaux de commerce, cette vérité acquiert bien plus de force encore quand il s'agit des grands corps de l'état. Aussi est-il généralement admis que tout pouvoir politique, n'ayant point de supérieur, n'a pour juge que lui-même et ne peut être valablement modifié dans ses formes et sa composition que de son plein gré. Un pouvoir politique qu'on met en jugement perd à l'instant son indépendance et cesse d'exister moralement, car si on le met en jugement pour le modifier, on peut aussi le mettre en jument pour l'abolir. La Pairie, aux termes de la Charte qui veut que la loi soit l'œuvre des trois pouvoirs, ne peut donc cesser d'être héréditaire que de l'assentiment de la Chambre des Pairs.

Si elle devenait élective, les Pairs ne pourraient être élus à vie que par le Roi, ce qui augmenterait outre-mesure le pouvoir royal que la Pairie est chargée de limiter, de contenir et d'appuyer. En effet, il serait tout-à fait abusif de faire élire les Pairs par les colléges électoraux. Les élus représentent toujours les opinions, les préjugés et les vœux de la majorité des électeurs; on ne peut charger la démocratie du soin d'élire la portion aristocratique du gouvernement. Adopter un tel parti serait aussi dérisoire que de faire élire les Députés par la Chambre des Pairs.

Les questions que nous venons d'agiter sont tellement des questions de principes, elles tiennent si peu aux personnes, que la réunion des quatre cents propriétaires de France les plus imposés, pris au hasard, composerait au besoin une Chambre des Pairs qui laisserait peu de chose à désirer.

La force essentielle de la Pairie repose donc, non, comme on le croit communément, dans l'individualité, le nom distingué, les titres et les décorations de ses membres, ni dans l'hérédité de leurs fonctions, mais dans l'étendue, la transmission et la perpétuité de leurs biens, qui leur créent un intérêt immense et toujours le même au maintien de l'ordre établi, à l'observation des lois, à la stabilité du gouvernement et à la défense des intérêts inhérens à la grande propriété. Un millionnaire s'aviserait-il de souhaiter le naufrage d'un vaisseau où toute sa fortune serait déposée? Aux yeux du possesseur inquiet de tant de trésors, le moindre vent semblerait une redoutable tempête qu'il faudrait se hâter de conjurer. Catilina lui-même ne conspira contre Rome qu'après avoir perdu son patrimoine.

Le mot *hérédité* fait illusion au vulgaire. Il croit bonnement que des lois absurdes et surannées ont décidé qu'on naîtrait Pair, comme on naît beau ou laid, blanc ou noir. Les adversaires de la Pairie ont demandé s'il y avait rien de plus contraire au bon sens que d'être législateur héréditaire, législateur par droit de naissance. Outre que le même argument peut être opposé à la royauté, ils n'ont pas compris que plus on possède de biens, et surtout de biens-fonds, plus on est intéressé au maintien de la chose publique, plus on a à craindre les soulèvemens et les révolutions, et que l'intérêt personnel est le gardien le plus vigilant, le conservateur le plus actif. Ils n'ont pas compris que dès qu'un Pair était dépouillé de ses biens, il perdait à l'instant, si l'on peut s'exprimer ainsi, toute sa vertu politique, et que c'était pour obvier à cet inconvénient que les propriétés des Pairs avaient été déclarées inaliénables. Cette considération aurait dû leur faire sentir que ce n'était point à la personne, mais aux biens que s'attachait la Pairie, conséquemment qu'elle n'était point, à proprement parler, un privilége de naissance, ou du moins qu'elle ne devenait telle que par une combinaison artificielle qui prescrivait que les mêmes biens demeureraient à perpétuité dans les mêmes familles.

Envisageant la chose sous un autre point de vue, n'est-il pas d'une haute importance pour un grand peuple de posséder une assemblée dépositaire des traditions du gouvernement, composée d'hommes qui ont brillé dans les emplois et les affaires, et offrant pour les remplacer une pépinières de jeunes gens qu'une éducation spéciale rend propres à devenir un jour des hommes d'état distingués?

On a prétendu que les petits propriétaires porteront un intérêt aussi vif au gouvernement que les grands propriétaires. On pourrait demander si cet intérêt est aussi éclairé, aussi fécond en résultats effectifs. Nous voyons dans les sociétés de commerce, images fidèles de la société civile, les plus forts intéressés jouir de la prépondérance dans la direction des affaires. Dans les troubles civils, c'est toujours de préférence aux grandes et belles propriétés qu'on s'attaque (la révolution en a fourni la preuve), tandis que les petites propriétés sont épargnées. La grande propriété est donc plus vulnérable que la petite à laquelle elle sert de rempart. Conséquemment elle est plus intéressée au maintien de l'ordre.

Dans cn pays qui présente trois situations sociales distinctes, grands propriétaires, moyens propriétaires et prolétaires, il importe que chaque question soit considérée sous trois faces différentes, et relativement à l'intérêt de chacune de ces situations sociales : de là, pour qu'aucune ne soit opprimée, l'utilité de l'existence simultanée de la Pairie, de la Chambre des Députés et de la Royauté. Une Chambre unique suffirait pour gouverner un pays où tous les citoyens seraient propriétaires ; quand les prolétaires sont en assez grand nombre, une Chambre aristocratique surgit à côté d'institutions plus ou moins démocratiques : enfin, quand ils sont en très-grand nombre, la Royauté devient une institution nécessaire, indispensable.

Montesquieu a démontré que la monarchie ne pouvait se maintenir que sur un territoire étendu (1); en outre, il faut que le pays, sans être divisé ni en portions trop étendues, ni en trop petites parcelles (car, alors, il serait en butte à la turbulence de seigneurs féodaux, ou à celle d'aus-

---

(1) Esprit des Lois, livre 8, chapitre 17. « Un Etat » monarchique doit être d'une grandeur médiocre ; s'il » était petit, il se formerait en république. »

tères républicains), offre un juste mélange de grandes, moyennes et petites propriétés, et surtout qu'il renferme un plus grand nombre de prolétaires que n'en pourrait nourrir le même État soumis au régime républicain ou aristocratique. La conservation des grandes propriétés, ou du moins d'un certain nombre d'entr'elles, est donc essentielle à cette forme de gouvernement. Il faut de hautes digues et des gardiens surveillans, un pouvoir vaste, constamment en action et toujours présent lorsqu'on redoute à chaque instant le débordement du flot populaire : tel est l'objet de la Pairie. C'est la grande propriété réduite à sa plus simple expression, aux limites les plus étroites. Abattez ces derniers retranchemens, nivelez le sol, il ne saurait plus exister de monarchie, il ne reste plus de camp de réserve à la Royauté.

Le gouvernement républicain exige le partage des héritages ; il est objet constant d'enthousiasme parce qu'il promet à chaque citoyen un accès facile à la propriété. Ce serait celui qui conviendrait à un grand État couvert de cités populeuses, si la terre devenait d'autant plus féconde qu'elle est plus morcelée. Mais, comme au contraire le sol produit moins dès qu'il cesse d'être partagé en domaines d'une certaine étendue, il faut en conclure qu'en vertu même des lois de la nature, le gouvernement républicain n'est point approprié aux grands États où la population est nombreuse. Là, il faut des riches et des grands qui, comme autant de chefs d'atelier, président à l'exploitation des ressources naturelles, et les répartissent entre les divers membres de la société groupés au tour d'eux. Si, comme le prétendent quelques perssonnes, on comptait uniquement sur les profits et les salaires de l'industrie et du commerce pour faire vivre les classes inférieures, sans s'inquiéter de la diminution des produits du sol, on commettrait une grande erreur. Ces ressources sont trop éventuelles et soumises à trop de chances pour qu'il ne survienne pas dans l'État de graves perturbations, et que la tranquillité ne soit pas compromise. Voyez quel est, à la moindre crise commerciale ou politique, le sort affreux des prolétaires de Paris et de Londres, et celui des grandes populations manufacturières de Manchester, vous demeurerez convaincu de cette importante vérité.

Aux yeux de l'envie ou du préjugé, il semble que le riche oisif enlève au pauvre le bien-être dont il jouit et le pain dont manque ce dernier. Mais il n'en est rien, car les hommes les plus opulens, les rois eux-mêmes ne consomment pas en réalité, et abstraction faite des frais de préparation et de main-d'œuvre qui donnent aux objets qu'ils appliquent à leur usage une forme plus recherchée, beaucoup au-delà du plus simple bourgeois. Toute cette énorme dépense, toutes ces fantaisies ruineuses, tout cet appareil fastueux qu'on reproche à la grandeur, alimentent une masse considérable de pauvres ouvriers qui forment le fond de la population des villes, et qui, sans cette ressource, mourraient de faim au lieu de vivre d'un travail honnête. Ajoutez, ce qui réconciliera peut-être nos adversaires avec le luxe, que rien ne contribue autant à rendre les biens égaux, et à détruire la richesse, que les somptuosités, les fantaisies, le goût des superfluités, et qu'un riche qui dépense beaucoup, est bientôt réduit à l'indigence (1).

Les villes sont de vastes établissemens uniquement fondés sur le luxe; ce dernier ne peut exister que là où règne une grande disproportion de fortune (2). Il faut donc, sous peine de compromettre la subsistance de la population inférieure des villes, tolérer, favoriser l'inégalité des fortunes, ou bien il faut abandonner le séjour des villes, et, remontant aux institutions patriarchales, renvoyer en masse à la charrue ou au village toutes les professions qui servent à alimenter le luxe, et que ce dernier nourrit à son tour. Ceux qui exercent ces professions appartiennent aux classes moyennes et inférieures; on les voit embrasser avec zèle toutes les doctrines d'égalité dont ils

(1) Il est question de rabaisser la liste civile de 25 millions à 15; ce serait 10 millions répandus de moins sur la classe indigente de Paris.

(2) Le luxe est toujours en proportion avec l'inégalité des fortunes. Esprit des Lois, livres 7, chapitre 1er.

sont les plus ardens promoteurs; mais, par malheur, ces mêmes doctrines mises en pratique franchement, anéantissant la classe riche, et par là détruisant le luxe, tarissent subitement les sources de leurs bénéfices, et jettent dans le désespoir, en les privant de travail, les prolétaires des cités uniquement occupés à fabriquer des superfluités. Il importe donc dans l'intérêt bien entendu des classes inférieures, de ne pas interdire absolument à l'aristocratie et aux grands propriétaires la faculté de conserver leurs biens, de défendre leurs intérêts, et de résister à l'action dissolvante qui tend à tout réduire sur le pied de l'égalité. Or, de toutes les institutions établies dans ce but, la Pairie héréditaire est la seule qui soit restée encore de bout.

Rendez égales toutes les propriétés, faites disparaître les riches, vous anéantirez le luxe et toutes les industries qu'il fait vivre; vous diminuerez de prime à bord, et pour un temps peut-être, le nombre des pauvres et des prolétaires, mais ceux qui resteront surtout dans les villes seront réduits aux plus affreuses extrémités. C'est ce que Montesquieu a bien senti quand il a dit: « Dans un État libre et où règne l'égalité, personne » ne doit recevoir le nécessaire de personne, car » de qui le recevrait-il (1)? »

---

(1) Esprit des Lois, livre 5, chapitre 6.

La république demande un petit territoire divisé en petites propriétés, ou bien un vaste territoire habité presqu'uniquement par des propriétaires : voilà pourquoi le gouvernement des États-Unis d'Amérique, malgré le bonheur qu'il procure et l'admiration universelle qu'il inspire, ne saurait être introduit en France où ces conditions n'existent pas. Remarquez même que ce gouvernement ayant des grandes villes et des prolétaires, a déjà dégénéré de la forme purement républicaine, puisqu'il possède une Chambre sénatoriale et un président; l'une, image imparfaite de la Pairie; l'autre, précurseur de la Royauté, qui ne deviendra nécessaire que quand il ne restera plus de terres vacantes. Si on voulait absolument organiser en république un grand état comme la France, il faudrait détruire la capitale et toutes les villes un peu considérables, sièges des prolétaires que la Royauté représente; renoncer au luxe et aux superfluités : et, ce qui serait le plus difficile, tenir la main avec une rigueur inflexible à l'égalité des partages; encore ne pourrait-on guères répondre de la certitude du résultat. Les intérêts de localité acquérraient bientôt une très-grande influence, et conduiraient au système républicain fédératif. Ce système rendrait le pays extrêmement faible, et très-accessible à l'invasion étrangère, à moins que le despotisme d'une assemblée centrale ne vînt réprimer le fédéralisme, et maintenir à tout prix l'unité et l'indivisibilité en faisant régner la

2

terreur; que si le système fédératif, au lieu d'être républicain, se combinait avec le principe monarchique, les aggrégations provinciales tendraient à renaître, et on aurait alors un état de choses très-analogue aux formes de l'ancienne manarchie, telle qu'elle existait dans les pays d'états avant la révolution.

Empruntant ici le langage d'un journal fort répandu (1), nous dirons que tout se tient et

---

(1) *Gazette de France* du 23 juin 1831. Ce journal qui renferme souvent d'habiles articles de critique, a une tendance qu'on ne saurait assez déplorer, parce qu'elle a pour effet de faire rétrograder la science de la politique, et de confondre toutes les notions sur lesquelles les esprits les plus sains semblaient enfin s'être mis d'accord. Les écrivains de la *Gazette*, pour faciliter et populariser leur opposition, professent des doctrines qui seraient de nature à compromettre tout gouvernement assez insensé pour les adopter. Ainsi, ils réclament, pour premier degré d'élection, le suffrage de tous les propriétaires réunis par communes, qu'ils appellent, en vue de se faire des partisans, le *suffrage universel;* ils demandent la liberté absolue de l'enseignement, décrient la Charte de Louis XVIII comme une œuvre révolutionnaire, trouvent la nouvelle loi d'élection trop restrictive, proclament l'inutilité de la Chambre des Pairs, et, pour contrebalancer ces doctrines, préconisent le double vote, les corporations, l'ancien système provincial, la division des citoyens en trois ordres. Autant de choses inconciliables et qu'aucune puissance humaine ne parviendrait à faire subsister ensemble. On s'afflige devoir un grand

s'enchaîne dans les esprits des hommes. Les idées sont classées par séries ; on ne peut rien ajouter ni retrancher dans ces séries; il faut savoir les admettre ou les repousser tout entières. Le monde des intelligences est sillonné de grandes

---

nombre de royalistes, abusés par la *Grzettv*, prêcher l'anarchie sans s'en douter, en se récriant sans cesse sur le petit nombre d'électeurs qui représentent 32 millions de Français. Les électeurs sont des gouvernans, puisque presque toutes les questions aboutissent à eux, et qu'ils jouissent, selon les uns, d'une portion de la souveraineté; et, selon d'autres, de la souveraineté toute entière. Est-ce donc trop peu de 100,000 chefs pour ceux qui n'ont pas l'avantage d'être électeurs ? Les vrais principes, en matière d'élection, ont été posés dans le *Journal des Débats* du 8 avril 1831 ; on y lit le passage suivant qui mérite d'être sérieusement médité :

« Qu'est-ce que l'électeur ? Ce n'est pas celui qui écrit » ou fait écrire un nom sur un bulletin, c'est celui qui » *choisit* librement, qui n'est pas sous la dépendance d'autrui, qui juge par lui-même et qui n'attend pas le mot » d'ordre de son maire, de son curé, de son proprétaire, » pour savoir à quel nom il doit donner la préférence. — Le » suffrage universel ne fait pas beaucoup d'électeurs : que » la loi le dise ou ne le dise pas, il n'y a jamais d'électeurs » que ceux qui sont indépendans et capables. Le suffrage » universel fait quelques électeurs avec beaucoup de » cliens. » Ajoutez : Et conduirait la France à l'anarchie.

Voyez la brochure intitulée : *Des principes qui doivent servir de base au système électoral*. Paris, 1831, chez Delaunay et Wibert, au Palais-Royal.

routes comme le monde matériel; tous les hommes qui suivent une de ces routes arrivent bon gré, malgré au même résultat; ils voient les mêmes objets, les mêmes points de station se présentent sous leurs pas.

En résumé, voulons-nous maintenir la monarchie et l'ordre existans? conservons soigneusement l'hérédité de la Pairie, dernier et insuffisant abri qui reste encore à la grande propriété. Dans le cas contraire, hâtons-nous de l'abolir; soumettons toutes les propriétés, sans exception, à la division indéfinie des partages. Les républicains ne se méprennent pas à cet égard; comment les constitutionnels ne sont-ils pas éclairés par les vœux de leurs adversaires? Peuvent-ils se laisser abuser sur une des questions essentielles, semblables à ces clefs de voûte qui lient et maintiennent un vaste édifice. En poussant à la division des propriétés jusqu'à la destruction de la Pairie, ils donnent gain de cause à leurs antagonistes; mieux vaudrait s'épargner la peine de les combattre. La résistance trop tardive n'est qu'une stérile fatigue.

Quelques personnes craignent, si l'hérédité de la Pairie est conservée, que la Chambres des Pairs ne devienne avant peu maîtresse du Gouvernement, et n'entrave tout par une opposition systématique. Forts de l'exemple du passé, nous osons garantir le contraire : n'a-t-il pas suffi d'une seule nuit pour faire abdiquer toute la noblesse française à une époque où elle jouissait encore de l'intégrité de ses prérogatives? Un corps aristocratique qui n'a pas de fortes racines dans l'opinion, est toujours de facile composition, toujours prêt à capituler, et n'oppose jamais, par lui-même, qu'une faible résistance à la réalisation des doctrines populaires. N'oublions pas que la démocratie, suivant la belle expression de M. Royer Collard, coule chez nous à pleins bords; et que l'aristocratie, cet élément qui doit lui-même servir de contre-poids, se détruit par l'effet du temps, et s'il faut en croire le témoignage de l'histoire, ne se recompose jamais (1). On peut donc considérer la Pairie française, moins comme un obstacle au mouvement progressif de la société, quelque acception qu'on donne à ce mot, que comme un point d'arrêt pour les novateurs; c'est en même temps un point d'appui d'autant plus nécessaire aux partisans de la monarchie qu'en vertu de la centralisation inhérente au Gouvernement représentatif, et de l'absence de corps intermédiaires qui en est la conséquence (ces derniers n'existant pas, ou se trouvant dans la capitale incorporés au Gouvernement), il suffit d'être maître de Paris pour être maître de la France.

---

(1) Les grands états de l'antiquité ont péri dès qu'ils n'ont plus eu d'aristocratie.

Divers publicites ont avancé que la Pairie, et même la Royauté, n'étaient que des pouvoirs *suspensifs*. Ils ont commis une erreur, quoi qu'on puisse alléguer qu'ils ont jugé à certains égards du droit d'après le fait; manière de raisonner qui, comme on sait, n'est pas toujours juste. Chacun des trois pouvoirs, quoique leur force et leur influence varient selon les époques, est de même nature; tous trois sont *représentatifs*, et leur existence dans la monarchie est tellement liée ensemble, que quand l'un d'entr'eux périt, les autres ne tardent pas à succomber, et l'État à tomber en dissolution.

Ce qui indispose certains esprits contre l'hérédité de la Pairie, c'est l'idée que les quatre cents plus belles places du Royaume seront invariablement réservées à la naissance, et que les sujets appelés par le sort à les remplir, quelle que soit leur indignité, s'attribueront les émolumens les plus lucratifs du budget. Outre que cette appréhension est d'avance démontrée fausse par le très-petit nombre de Pairs revêtus de fonctions salariées, et par l'impossibilité de conférer les emplois à l'ineptie dans les gouvernemens où les discussions sont publiques et les ministres responsables; envisager la Pairie sous ce point de vue, c'est se méprendre gravement. En effet, il faut bien se persuader que les quatre cents places de législateurs héréditaires dont il s'agit ne sont point, à proprement parler, dévolues à la naissance;

qu'elles sont gratuites, qu'elles ne tirent leur influence que de la fortune ou de la célébrité de ceux qui les occupent; qu'elles sont attribuées aux quatre cents possesseurs des propriétés les plus étendues, c'est-à-dire aux individus du Royaume les plus fortement intéressés au maintien de l'ordre, à la prospérité et à la bonne administration de l'État. Qu'y a-t-il là qui choque le bon sens ou qui blesse la justice? Ajoutez que ces législateurs héréditaires n'exercent en réalité qu'un tiers du pouvoir législatif, qu'ils n'ont voix prépondérante sur rien, qu'ils ne possèdent l'initiative ni en matière d'impôts, ni en matière de recrutement; que leur majorité peut être brisée à volonté par une création de nouveaux Pairs, et que leur influence la plus étendue se borne à exercer un droit de *veto* efficace seulement pour empêcher les innovations, et maintenir la Constitution.

Un journal de province, rédigé avec talent, a considéré l'hérédité de la Pairie d'une manière si étroite, si individuelle, qu'à l'en croire, cette institution serait presqu'aussi absurde que si l'on s'avisait de décider que, dans une troupe de comédiens, le fils du jeune premier serait éternellement jeune premier; le fils du valet, valet lui-même, et ainsi de suite, saus pouvoir jamais changer d'emploi : à coup-sûr, avant qu'une génération s'écoulât on aurait une troupe détestable. L'*opinion* part de la base que tous les citoyens étant égaux, ils sont aptes à remplir toutes les places pourvu qu'ils possèdent le degré d'intelligence et d'instruction nécessaire. C'est, comme on l'a dit, transformer le monde politique en une académie. Cette feuille ne comprend pas que c'est la situation sociale des Pairs, l'étendue de leurs biens, l'indépendance quasi-royale dont ils jouissent, qui leur donnent un intérêt spécial au maintien de l'ordre établi, et les met en mesure de remplir, à l'abri de toute influence, les fonctions conservatrices que la Constitution leur confère. Leur mise sociale étant immense, il en résulte pour eux un droit de surveillance qui tourne au profit de l'intérêt général. Il y a entre les hommes beaucoup moins de différence qu'on n'a l'air de le penser, sur tout quand il ne s'agit que de fonctions consultatives et délibérantes. Placez une série d'individus donnée dans une même position de fortune, vous verrez se manifester en eux, surtout en matière d'intérêt personnel, les mêmes pensées, les mêmes opinions, les mêmes préjugés, les mêmes affections, les mêmes vices, les mêmes vertus ; c'est ce qui constitue l'esprit de corps, de stabilité, de résistance. Or, dans toute constitution monarchique, il faut nécessairement une partie fixe et une partie mobile. Si vous rendez tous les pouvoirs électifs, il y aura souvent dans le Gouvernement, solution de continuité, le trône sera constamment en péril, l'État agité et prêt à changer de face à chaque élection. Voulez-vous en savoir la raison? c'est que dant tout État monarchique, une population relativement trop considérable étant entassée sur un même territoire, il y a une classe nombreuse déshéritée de la propriété, parce qu'elle est née trop tard, lorsque toutes les parts étaient faites. Cette classe, placée dans une situation qui l'expose à sentir l'aiguillon de la faim dès que l'ordre, le travail et la sécurité sont interrompus, a alors un motif puissant qui la pousse à changer de position, et à faire irruption sur la propriété. Or, à une classe qui, dès qu'elle est excitée par une cause quelconque, a un intérêt immense à changer l'ordre public, il faut en opposer une qui ait à le maintenir un intérêt non moins grand. Tel est le but de la Royauté et de la Pairie héréditaire qui ont pour mission commune de protéger et de contenir les prolétaires, et de leur assurer constamment, sous peine de ruine, du travail et du pain.

On peut dire que la monarchie est une combinaison sociale qui offre le moyen de faire vivre, sur un territoire étendu, plus d'habitans que le même pays n'en pourrait nourrir s'il était soumis au régime républicain.

S'il n'y avait dans l'État qu'une seule situation sociale, c'est-à-dire, s'il n'était composé que de propriétaires, s'il ne renfermait point de prolétaires, chacun serait content de son sort, et n'aspirerait qu'au repos. Une Assemblée unique suffirait, les vieillards seraient pour ainsi dire les seuls magistrats, et l'on n'aurait besoin ni de Royauté, ni de Pairie qui, dans cette hypothèse, seraient des superfluités nuisibles : toutes les doctrines de la *Tribune* seraient alors d'une application facile; malheureusement, tel n'est pas le cas où la France se trouve placée. Nous sommes donc forcés à conclure que la Royauté et la Pairie sont des institutions indispensables, et dont la fixité invariable peut seul garantir l'État des secousses et de révolutions. Un vaisseau retenu par deux ancres est à l'abri du nauffrage.

De tous les écrivains du jour, les rédacteurs du *Globe* sont les seuls qui aient nettement compris que les questions politiques de *légitimité* et d'*hérédité*, n'étaient que des questions de propriété territoriale envisagées sous un point de vue plus élevé. C'est avoir fait un grand pas, mais s'ils ont rencontré juste à cet égard, ils ont payé large tribut à l'erreur dans leurs déclamations contre l'hérédité. Abusés par les termes, les rédacteurs du *Globe* ne se sont pas aperçus que l'hérédité ou l'héritage, qui est le pivot unique sur lequel repose la société, n'était, à proprement parler, qu'une donation entre vifs. Pour abolir l'hérédité, il faudrait donc interdire, non-seulement les donations, mais jusqu'aux moindres transactions, car, dès qu'elle serait prohibée, elle se déguiserait sous cette forme. Il faudrait donc organiser le despotisme le plus rigoureux, le plus minutieux, le plus absurde qu'on ait jamais vu, puisque personne ne pourrait plus disposer de rien sans la permission du magistrat. Nous savons que les Saints-Simoniens comptent arriver à leur but par voie de persuasion, c'est-à-dire, qu'il se flattent de changer le cœur humain, d'abolir la propriété, et d'éteindre l'amour paternel, le tout au profiit de la Communauté. Mais, ce qui est contradictoire avec les voies pacifiques qu'ils proclament, c'est qu'ils demandent au préalable que les libéraux (ils qualifient ainsi les républicains), préparent la voie aux perfectionnemens qu'ils méditent, en détruisant jusqu'au moindre vestige la société actuelle. Telle est, selon les Saints-Simoniens, la mission divine imposée aux libéraux, et la volonté de la Providence.

Avant de terminer cet écrit, nous prévoyons une dernière objection : qu'arriverait-il si la majorité de la Chambre des Députés était opposée à l'hérédité de la Pairie ? Observons d'abord que la conséquence rigoureuse d'une telle conviction, et le seul moyen par lequel elle pût se manifester, serait que la Chambre des Députés présentât un autre système que celui qui existe pour le mode de la nommination des Pairs. En effet, il ne s'agit pas seulemenf d'abolir, de supprimer, il faut encore édifier ; or, c'est là que git la très-grande difficulté, comme l'a très-bien senti M. de Cormenin (1).

Supposons cette difficulté vaincue : admettons que la Chambre des Députés, prenant l'initiative, se décide à faire une propositiou de loi, qu'arriverait-il en cette circonstance?

Ou le Roi partagera l'opinion des Députés : alors, en cas de résistance, une création de nouveaux Pairs forcera légalement la Chambre des Pairs à renoncer à l'hérédité.

Ou il voudra conserver l'hérédité ;

Ou, enfin, ne laissant point connaître son opinion, ce qui est une de ses prérogatives, puisque le *veto* définitif lui appartient, il attendra, avant de rien décider, que la discussion ait éclairci la matière.

Dans l'une et l'autre de ces hypothèses, le budget et les lois d'urgence devront avant tout, à raison de leur extrême importance, être présentés aux Chambres. Puis, après que la discussion sur l'hérédité et la constitution de la Pairie aura eu lieu, il ne restera plus au Roi que de se prononcer, et, en cas de dissentiment entre les pouvoirs, à ajourner les questions sur lesquelles ils ne seraient pas parvenus à s'accorder.

Telle est la seule marche légale qu'il soit pos-

---

(1) Voyez sa lettre au *Courrier français* du 3 août 1831.

sible de suivre, et même de concevoir, car on ne peut exiger, comme certaines personnes le désirent, sans oser le dire, que le Roi, si sa conviction y est contraire, porte la hache le premier sur l'édifice chancelant de la Pairie.

Si le budget n'était pas aussi considérable, s'il n'était pas grossi de tant de dépenses extraordinaires, ce serait peut-être le cas d'invoquer ici un principe énoncé par Montesquieu (1), et qui a été développé dans un écrit intitulé: du *Refus du budget* (2); savoir : que chaque fois que la constitution d'un État n'est pas radicalement vicieuse, les pouvoirs inégalement pondérés, et les charges publiques poussées à l'excès, les corps délibérans ne se livrent à des empiétemens sérieux, et ne demandent de nouvelles concessions que quand la Royauté leur demande de nouveaux impôts. En effet, l'histoire prouve que c'est à l'aide des déficits et des excédens de dépenses auxquelles il faut forcément subvenir, que les corps délibérans acquièrent une autorité irrésistible, battent en brêche les priviléges de la Couronne et de l'aristocratie, et paralysent toutes les résistances. En dépit de ce qu'on a pu dire à une époque trés-

(1) Montesquieu, Esprit des Lois, livre 13, chapitre 10 et 12.

(2) Brochure in-8°, 1830, chez Delaunaz et Wilbert.

rapprochée, jamais aucun parti, pour forcer la main à l'un des pouvoirs, n'osera prendre sur lui de refuser le budget ordinaire, de suspendre la vie de l'État, et de sortir ainsi des voies du Gouvernement représentatif, qui a pour premier principe l'accord libre des trois pouvoirs dont l'indépendance, si l'on veut conserver la liberté, doit être soigneusement respectée.

8 août 1831.

Imprimerie de David,
BOULEVART POISSONNIÈRE, N° 4 BIS.

On trouve chez les mêmes Libraires les Ouvrages suivans :

Considérations sur la politique et sur les circonstances actuelles, 2e édition. Paris, 1822, in-8° . . . . . . 5 fr.

Réflexions sur le rapport prétenté au Roi le 5 octobre 1828, par M. le comte de Saint-Criq, relativement aux encouragemens à accorder à l'industrie et au commerce. 1 f. 50

Des forges, des vignobles et des colonies, pour faire suite aux Réflexions présentées au Roi le 6 octobre. — Mémoire en faveur des colons et des propriétaires de vignoble, ou Observations des motifs du projet de loi relatif à diverses modifications aux Tarifs des douanes, présenté par M. le comte de Saint-Criq, le 21 mai 1829, à la chambre des députés. . . . . 1 fr. 50.

Du sort des minorités dans les gouvernemens représentatifs et dans les assemblées délibérantes. . . . . 1 fr.

Des classes inférieures et des rapports qui les unissent aux autres classes de la société. . . . . 1 fr.

Du refus du budget. . . . . 75 c.

Lettre à M. le Directeur du National, ou Examen des doctrines politiques du National, du Globe, de la Gazette de France et du Journal des Débats. . . . . 75 c.

148

www.ingramcontent.com/pod-product-compliance
Lightning Source LLC
LaVergne TN
LVHW020307230826
846091LV00006B/2565

* 9 7 8 2 0 1 9 2 6 5 2 7 4 *